AF498025

PHILIPPE,

COMÉDIE-VAUDEVILLE EN UN ACTE,

PAR

MM. SCRIBE, MÉLESVILLE ET BAYARD;

Représentée pour la première fois, à Paris, sur le théâtre du Gymnase Dramatique,
le 19 avril 1830.

DISTRIBUTION DE LA PIÈCE :

Mlle D'HARVILLE........................	Mme Grévedon.
MATHILDE, sa nièce....................	Mlle Béranger. / Mme Dormeuil.
M. DE BEAUVOISIS.....................	M. Allan.
PHILIPPE, intendant de Mlle d'Harville......	M. Gontier.
FRÉDÉRIC............................	M. Paul.
JOSEPH, domestique de Mlle d'Harville.......	M. Bordier.
Plusieurs Valets.	

La scène se passe dans l'hôtel de mademoiselle d'Harville.

Le théâtre représente un bel appartement, porte au fond, et deux portes latérales. La porte à droite de l'acteur est celle de l'appartement de Mathilde ; celle qui est à gauche est la porte de la chambre de Frédéric. A droite, sur le devant, une grande table couverte d'un riche tapis, et sur laquelle se trouvent une cassette, un encrier, etc. A gauche, un guéridon.

SCÈNE I.

Mlle D'HARVILLE, MATHILDE *. Elles sont assises; mademoiselle d'Harville travaille à de la tapisserie. Mathilde lui fait la lecture.

MADEMOISELLE D'HARVILLE.

Eh bien, Mathilde, vous ne lisez plus?

MATHILDE.

C'est que je réfléchis, ma tante.

MADEMOISELLE D'HARVILLE.

Et à quoi, s'il vous plaît?

MATHILDE.

Mais à ce roman... C'est singulier! ce Tom-Jones que M. Alworthy et sa sœur élèvent avec tant de bonté, c'est absolument comme M. Frédéric, que vous avez recueilli dès son enfance, dont vous avez pris soin, et qui n'a jamais connu ses parents.

MADEMOISELLE D'HARVILLE.

Ah! c'est possible... il y a quelque rapport.

MATHILDE.

Voulez-vous que je continue, ma tante?

MADEMOISELLE D'HARVILLE, prenant le livre.

Non, mon enfant; cela vous fatigue... et puis voici bientôt l'heure du déjeuner.

---

* Le premier acteur inscrit est toujours en scène placé à la gauche du spectateur.

MATHILDE.

C'est dommage... j'aurais été curieuse de savoir ce que devient Tom-Jones... il est si bon, si aimable... comme M. Frédéric.

MADEMOISELLE D'HARVILLE.

Vous êtes bien jeune, Mathilde... écoutez-moi, et parlons raison, si c'est possible... Vous prenez beaucoup d'intérêt à Frédéric, et il le mérite, sans doute, à quelques égards... mais une jeune personne comme vous doit s'observer davantage.

MATHILDE.

Ma tante...

MADEMOISELLE D'HARVILLE.

Je voulais vous parler de cela il y a quelques jours... Nous étions allées, la veille, à l'Opéra... j'avais reçu Frédéric dans ma loge; je lui avais fait cet honneur... nous avions avec nous M. le vicomte de Beauvoisis, mon neveu... Le vicomte, malgré quelques petits travers qui tiennent à la jeunesse, réunit les plus brillantes qualités... je vous dis cela, entre nous, Mathilde, pour que vous le reteniez... J'ai des projets dont nous parlerons plus tard... Pour en revenir à l'Opéra, vous ne fîtes que rire et causer avec Frédéric... On ne rit point à l'Opéra, ma nièce... et en sortant, c'est encore le bras de Frédéric qui fut accepté par vous, sans égard pour le vicomte qui vous offrait le sien.   (Elles se lèvent.)

Air du Vaudeville de la Somnambule.

Ce n'est pas bien; ce n'est pas convenable;
A votre rang, Mathilde, il faut songer.

MATHILDE.

J'ai cru pouvoir... suis-je donc si blâmable?
   Le consoler, sans déroger.
Il est si bon!

MADEMOISELLE D'HARVILLE.

   Soit; mais je le répète,
En fait d'amour, d'amitié, de bonheur,
Il faut encor consulter l'étiquette.

MATHILDE.

Moi, je n'aurais consulté que mon cœur.

Frédéric est si reconnaissant de vos bontés; il vous aime tant!

MADEMOISELLE D'HARVILLE.

Je le crois, Mathilde... j'ai besoin de le croire... et cependant, sans parler ici de mon rang, je ne trouve pas en lui ces égards, ces attentions, que j'ai le droit d'attendre, peut-être, d'un jeune homme qui me doit tout... Logé dans mon hôtel, mon salon lui est ouvert... il peut venir s'y former au ton et aux manières de la bonne compagnie... Eh bien, non... à peine s'il paraît le soir chez moi.

MATHILDE.

Écoutez donc, ma tante, il faut être juste... votre salon, c'est bien beau, mais ce n'est guère amusant.

MADEMOISELLE D'HARVILLE.

Comment, mademoiselle?

MATHILDE.

Pour un jeune homme, je veux dire... n'entendre parler que de l'ancienneté de notre race, des hauts faits des d'Harville... moi-même, qui suis de la famille, je vous assure que quelquefois...

MADEMOISELLE D'HARVILLE.

Ma nièce...

MATHILDE.

A plus forte raison ce pauvre Frédéric, qui est jeune, impatient, étourdi... car sa tête est légère, j'en conviens; mais son cœur est si bon... Élevés ensemble, ici, sous vos yeux, je connais ses sentiments pour vous... je sais à quel point il vous chérit.

MADEMOISELLE D'HARVILLE.

En êtes-vous sûre, Mathilde?

MATHILDE.

Eh! tenez... ce jour où vos chevaux s'emportèrent... mon cousin de Beauvoisis appelait du secours; mais Frédéric se jeta au-devant des chevaux, au risque d'être renversé... il les retint, il vous sauva peut-être!... et pour ne pas vous alarmer par la vue de ses habits déchirés, de ses mains meurtries, il s'échappa, en me recommandant le silence.

MADEMOISELLE D'HARVILLE.

Et vous avez eu tort, mademoiselle... comment! je n'en ai rien su?... Frédéric!...

MATHILDE.

Entre nous, je crois que votre rang l'intimide un peu... « Ah! » me dit-il souvent... parce qu'il cause avec moi.

MADEMOISELLE D'HARVILLE.

Ah!...

MATHILDE.

Oui... il parait qu'il ne me trouve pas l'air si imposant qu'à vous... « Ah! disait-il, que n'ai-je l'occasion de prouver ma reconnaissance à ma bienfaitrice!... je donnerais mon sang, je donnerais ma vie pour elle!.. Si du moins elle était mariée, je me serais dévoué au service de son époux... je l'aurais suivi à l'armée... je me serais fait tuer pour lui. »

MADEMOISELLE D'HARVILLE.

Il disait cela?

MATHILDE.

Oui, ma tante; et cela m'a fait faire une réflexion qui ne m'était pas encore venue... Pourquoi donc ne vous êtes-vous jamais mariée?

MADEMOISELLE D'HARVILLE, un peu surprise.

Ah!... pourquoi?... voilà bien la question d'un enfant.

MATHILDE.

Il me semble cependant que, lorsqu'on a un beau nom...

MADEMOISELLE D'HARVILLE.

Lorsqu'on a un beau nom, ma nièce... ce qu'on peut faire de mieux, c'est de le garder... Je reconnais bien là les idées de ma sœur, de votre mère... qui, au lieu de suivre mon exemple, a choisi dans une classe inférieure un mari qui était riche, pas autre chose.

MATHILDE.

C'est vrai... on dit que mon père était millionnaire et roturier... mais il aimait tant ma mère, il l'a rendue si heureuse!

MADEMOISELLE D'HARVILLE.

Ce n'est pas une excuse, mademoiselle... le bonheur ne justifie pas une faute.

MATHILDE, d'un ton caressant.

Sans cette faute, cependant, vous n'auriez pas auprès de vous une nièce qui vous chérit.

MADEMOISELLE D'HARVILLE, l'embrassant.

C'est vrai, mon enfant... Ah! l'on vient... sans doute M. Frédéric, que j'ai fait demander, et qui tarde bien... Non... c'est Philippe.

SCÈNE II.

LES MÊMES, PHILIPPE, tenant à la main des papiers et des journaux [*].

MADEMOISELLE D'HARVILLE.

Qu'est-ce que c'est?

[*] Philippe, mademoiselle d'Harville, Mathilde.

PHILIPPE, à mademoiselle d'Harville.

Les lettres et les journaux de mademoiselle...
et puis les comptes du mois... car c'est aujourd'hui le premier.

(Il lui présente les papiers.)

MADEMOISELLE D'HARVILLE.

C'est bien... je n'ai pas besoin de lire.

MATHILDE.

On peut s'en rapporter à Philippe... ce n'est
pas un intendant comme un autre.

MADEMOISELLE D'HARVILLE.

Oui, c'est un honnête homme, et de plus,
un habile et dévoué serviteur... Grace à lui,
on me croit deux fois plus riche que je ne le
suis... je fais des dépenses énormes... je n'ai
jamais de dettes, et toujours de l'argent comp-
tant.

PHILIPPE.

Je n'y ai pas grand mérite... pourvu qu'on
se souvienne seulement que deux et deux ne
font jamais que quatre, ce n'est pas malin
d'être intendant... je sais bien qu'ancienne-
ment ce n'était pas comme cela.

AIR du Piège.

Tous ces fripons d'intendants d'autrefois
Vous ruinaient d'une ardeur peu commune.

MADEMOISELLE D'HARVILLE.

On n'en a plus et cependant je vois
Qu'on dissipe bien sa fortune.

PHILIPPE.

D'accord... je sais qu'on la mange souvent
Avec une vitesse extrême...
Mais du moins on a maintenant
L'esprit de la manger soi-même.

(Il présente un registre à mademoiselle d'Harville.)

MADEMOISELLE D'HARVILLE.

C'est inutile, Philippe.

PHILIPPE.

Mademoiselle veut toujours signer sans lire...
ce sont les usages d'autrefois... Lisez, lisez, il
le faut... qu'est-ce que c'est donc que ça?

(Mademoiselle d'Harville passe auprès de la table, et
s'assied pour examiner les papiers que Philippe lui a
présentés.)

MATHILDE.

C'est drôle, il n'y a que lui qui gronde ma
tante... et elle ne se fâche pas... Ces vieux ser-
viteurs ont des priviléges.

PHILIPPE, passant auprès de Mathilde *.

J'ai tort, sans doute... mais voyez-vous, mademoiselle, un ancien militaire ne peut pas
parler comme un gentilhomme de la chambre.

MADEMOISELLE D'HARVILLE.

Qu'est-ce que je vois là? (Lisant.) « Secours
donnés par Mademoiselle... six mille francs... »
(A Philippe.) C'est plus du double des mois or-
dinaires.

PHILIPPE.

Mademoiselle est si bonne, et l'hiver est si
rigoureux !

* Mademoiselle d'Harville. Philippe. Mathilde.

AIR : Dans un castel dame de haut lignage.

A vos désirs j'obéissais d'avance.
Dans vos salons, de tous ces grands seigneurs
Quand votre nom attire l'affluence,
Pour ses bienfaits on le bénit ailleurs.
Si votre hôtel est connu d'la noblesse
Par l'indigence il l'est aussi;
Et si quelqu'un ignorait votre adresse,
Le premier pauvr' lui dirait : « C'est ici. »

MADEMOISELLE D'HARVILLE se lève et continue de lire.

Des ouvriers... d'anciens militaires.

PHILIPPE.

Des camarades à moi, qui servaient dans
l'armée de Rhin et Moselle... Il faut faire quelque chose pour ceux qui y étaient, mademoiselle... car c'est sous leurs tentes que bien des
gens, qui valaient mieux que moi, ont trouvé
asile et protection.

MADEMOISELLE D'HARVILLE, passant entre Philippe et
Mathilde *.

C'est vrai... c'est Philippe qui, dans ce
temps-là, nous a aidées à passer la frontière.

MATHILDE.

Je comprends alors votre reconnaissance,
votre affection pour lui.

MADEMOISELLE D'HARVILLE.

Achevons... (Lisant.) « Pour la pension de
Frédéric... cinq cents francs... » (A Philippe.)
C'est beaucoup pour un mois.

PHILIPPE.

C'est bien peu, mademoiselle... puisque vous
l'avez élevé et protégé... il faut achever votre
ouvrage, il faut qu'il s'instruise, qu'il ait des
maîtres... il a besoin d'avoir du mérite, lui qui
n'a pas de fortune.

MADEMOISELLE D'HARVILLE.

C'est ce qu'il faudrait souvent lui répéter...
je vous ai placé près de lui, Philippe, comme
un guide, comme un ami; et j'ai à me plaindre de lui... de vous peut-être... vous le gâtez,
vous n'avez pas pour lui toute la sévérité né-
cessaire... souvent il rentre bien tard.

PHILIPPE, embarrassé.

Mademoiselle...

MADEMOISELLE D'HARVILLE.

Je ne l'ai pas vu hier soir.

PHILIPPE.

Ah! mon Dieu!...

MADEMOISELLE D'HARVILLE.

Ce matin je lui ai fait dire de descendre, et
il n'a pas encore paru.

PHILIPPE.

Il était sorti de très bonne heure... pour son
droit... pour une conférence... je ne sais pas au
juste... il travaille tant que souvent il passe la
nuit.

MATHILDE.

Voyez-vous, ma tante... il finira par se rendre malade.

* Philippe, mademoiselle d'Harville, Mathilde.

MADEMOISELLE D'HARVILLE, *vivement*.

Voilà ce que je n'entends pas... je ne veux
pas qu'il travaille tant... je le lui défendrai.

PHILIPPE, *à part*.

Ce n'est pas la peine.

MADEMOISELLE D'HARVILLE, *allant à la table, et prenant dans la cassette une bourse qu'elle remet à Philippe* *.

Tenez, Philippe, voilà son trimestre... vous
le lui donnerez de ma part, en lui recommandant l'ordre, l'économie et la bonne conduite.

PHILIPPE.

Oui, mademoiselle; mais vous, en revan-
che, ayez un peu d'indulgence.

AIR : *Amis, voici la riante semaine.*

Il est léger, mais plein d'honneur et d'ame :
Je m'y connais, et je vous en réponds;
Pour des misèr's quand je vois qu'on le blâme,
Moi, je l'excuse, et j'ai bien mes raisons.
Oui maintenant, quoi qu'il dise ou qu'il fasse,
Pour un jeune homm' j' suis toujours indulgent;
Car je soupire, et je m' dis : A sa place,
Le diabl' m'emport' si j' n'en f'rais pas autant...
Pardon, mamzell'; mais j'en f' rais tout autant.

BEAUVOISIS, *en dehors*.

On n'a pas encore déjeuné... c'est bien.

MADEMOISELLE D'HARVILLE.

Ah! c'est mon neveu que j'entends.

SCÈNE III.

LES MÊMES, BEAUVOISIS, *en négligé très élégant*.

UN DOMESTIQUE, *annonçant*.

M. le vicomte d'Harville de Beauvoisis **.

(*Philippe est auprès de la table, occupé à ranger les papiers.*)

BEAUVOISIS, *baisant la main à mademoiselle d'Harville*.

Bonjour, chère tante... bonjour, ma jolie
cousine... Je suis bien matinal, n'est-ce pas?...
je n'en reviens point de me trouver debout à
peu près comme tout le monde.

MADEMOISELLE D'HARVILLE.

Comment avez-vous donc fait?

BEAUVOISIS.

Je m'y suis pris d'avance... je ne me suis pas
couché.

PHILIPPE, *à part*.

On ne lui demandera pas de l'ordre à celui-là...

MATHILDE.

Voilà une belle conduite, M. de Beauvoisis!

BEAUVOISIS.

Vous avez raison... mais il y a tant de bals
cet hiver... les nuits sont trop courtes, et la vie
aussi...

MADEMOISELLE D'HARVILLE, *à Beauvoisis*.

Vous déjeunez avec nous, n'est-ce pas?...

* Mademoiselle d'Harville, Philippe, Mathilde.

** Philippe, mademoiselle d'Harville, Beauvoisis, Mathilde.

(*A Mathilde.*) Mathilde, voyez, donnez des ordres,
qu'on se dépêche de nous servir.

(*Elle s'assied auprès de la table.*)

MATHILDE.

Oui, ma tante, j'y vais... (*Saluant Beauvoisis.*)
Mon cousin... (*Bas à Philippe.*) Adieu, Philippe.

(*Elle sort.*)

SCÈNE IV.

PHILIPPE, Mlle D'HARVILLE, BEAUVOISIS.

*Mademoiselle d'Harville est assise auprès de la table,
Philippe est à sa droite... Elle signe de loin en loin des
papiers que Philippe dispose sur la table.*

BEAUVOISIS.

Je suis venu vous demander à déjeuner en
famille; d'abord, mon aimable tante, pour
vous présenter mes hommages, et puis pour
vous remercier... Vous avez vu Aaron.

MADEMOISELLE D'HARVILLE.

Je le vois beaucoup trop souvent.

BEAUVOISIS.

Ce n'est pas ma faute... les chevaux anglais
sont hors de prix... Moi, les chevaux et l'Opéra,
voilà ce qui me ruine.

PHILIPPE.

Monsieur change si souvent!

BEAUVOISIS.

C'est vrai... c'est ce que je me dis tous les
jours... je dépense un argent fou, à moi, et à
ma tante... mais que voulez-vous?

AIR du *Fleuve de la vie*.

L'argent n'est rien, il faut qu'on brille,
Que dans Paris on soit cité;
Pour faire honneur à ma famille,
Je dépense avec dignité.
Sous des titres comme les nôtres,
Il est noble, il est de bon goût
De ne jamais compter...

PHILIPPE.

Sur-tout
Quand c'est l'argent des autres.

BEAUVOISIS.

C'est le seul moyen de se faire remarquer...
Si nous avions une bonne guerre, ce serait
bien plus économique... Je ferais parler de
moi, ou je me ferais tuer; et cela ne vous coû-
terait pas si cher.

MADEMOISELLE D'HARVILLE.

Exposer vos jours!... vous, le dernier des
d'Harville!... Non, mon neveu... et puisque
nous en sommes sur ce chapitre, je vous dirai
que vous vous devez à vous-même et à votre
famille, plus de tenue, plus de modération...
Qu'est-ce que cette aventure dont on parlait
hier dans les salons?

BEAUVOISIS.

Quoi! vous sauriez...? Cela vous a inquié-
tée ?...

MADEMOISELLE D'HARVILLE.

Beaucoup.

BEAUVOISIS.

Vous connaissez cependant mon adresse... et puis, cette fois, je n'avais pas tort... J'avais remarqué à l'Opéra... car je suis un fidèle... nous sommes toujours là, moi, ou ma lornette... en gants blancs... balcon des premières, à droite... c'est mon côté, vous savez... J'avais remarqué une jeune élève de Terpsichore... oh! une taille!... un regard céleste... un coude-pied ravissant...

MADEMOISELLE D'HARVILLE.

Mon neveu!...

BEAUVOISIS.

N'ayez donc pas peur... j'ai du tact... je sais gazer... Autrefois, nous dansions sans déroger... par conséquent les danseuses, ça nous revient ; ce n'est pas noble, mais c'est gentil... par malheur, c'est léger... et on voulut me persuader que j'avais un rival.

PHILIPPE.

Pas possible.

BEAUVOISIS.

Je fus comme Philippe... je ne voulus pas le croire... mais de ce temps-ci, il y a tant d'invraisemblances... Je cours chez ma divinité, qui était, dit-on, dans son boudoir... Je veux tourner le bouton... votre serviteur; la porte était fermée en dedans... et j'entends une voix de basse-taille qui me crie : « Qui est là ? »

MADEMOISELLE D'HARVILLE.

Ah! mon Dieu!...

BEAUVOISIS.

Il n'y avait plus moyen d'en douter... un autre aurait fait du bruit, de l'éclat... moi, pas du tout... et ne pouvant remettre ma carte à ce monsieur... je me suis contenté d'écrire au crayon sur la porte : « L'amant de ma maî- « tresse est un fat ; je l'attends au Bois... *Signé* D'HARVILLE DE BEAUVOISIS. »

MADEMOISELLE D'HARVILLE.

Et il est venu?

BEAUVOISIS.

Mieux que ça... il en est venu trois... Il parait qu'ils avaient tous pris connaissance de mon épitre, qui, par le fait, est devenue une circulaire.

MADEMOISELLE D'HARVILLE, se levant.

Et vous vous êtes battu?

BEAUVOISIS.

Sur le champ, avec mes trois partners... J'ai blessé l'un, désarmé l'autre ; et j'ai déjeuné avec le troisième... un aimable jeune homme, le fils d'un pair de France, qui n'a pas voulu me quitter; car les duels, c'est charmant; on se fait des amis à la vie et à la mort... Celui-ci m'a conduit, le soir, dans une société délicieuse, un rout... un cercle... comme on voudra, où, par parenthèse, j'ai trouvé votre ami Frédéric.

PHILIPPE.

Frédéric ?

MADEMOISELLE D'HARVILLE.

Qu'est-ce que vous dites là ?

PHILIPPE.

Monsieur le vicomte se trompe... ça ne se peut pas.

BEAUVOISIS.

Je me trompe si peu que je lui ai parlé... parce que j'ai été fort étonné de le trouver là... et quand je suis sorti à six heures du matin il y était encore.

PHILIPPE, à part.

Que le ciel le confonde !

MADEMOISELLE D'HARVILLE, regardant Philippe.

Ah !... il était sorti, ce matin, pour travailler... pour... (Mouvement de Philippe.) C'est bien... (A Beauvoisis.) Et cette maison est-elle convenable?

BEAUVOISIS.

Hum !... hum !... tout au plus.

PHILIPPE.

Monsieur le vicomte y était.

BEAUVOISIS.

Oh! moi, mon cher, c'est différent... nous allons par-tout... mais un pauvre diable qui n'a pas un sou à lui... ça peut devenir très-inquiétant... voilà tout ce que je dirai... je ne veux pas lui faire du tort.

PHILIPPE.

Eh! mon Dieu, parlez, et n'en laissez point croire plus qu'il n'y en a... Quand il serait allé dans cette maison, pour son plaisir, pour une danseuse... (mouvement de Beauvoisis.) que sais-je... eh! pourquoi pas ? ma foi, à son âge...

MADEMOISELLE D'HARVILLE.

Philippe, monsieur le vicomte ne vous a point adressé la parole.

BEAUVOISIS.

C'est vrai; mais M. Philippe la prend assez volontiers... il a de l'éloquence, ce qui est du luxe dans un intendant... cela doit vous coûter bien plus cher...

PHILIPPE.

Morbleu !...

MADEMOISELLE D'HARVILLE.

Philippe... taisez-vous... vous vous oubliez... (A Beauvoisis.) Venez, mon neveu... et surtout devant Mathilde, pas de récit, pas d'aventure... au moment de lui faire part de nos projets, vos folies...

BEAUVOISIS.

Bah! qu'est-ce que ça lui fait... tant que je suis garçon?... une fois marié...

MADEMOISELLE D'HARVILLE.

Vous serez plus sage, j'espère.

BEAUVOISIS.

Certainement... je ne les dirai plus.

MADEMOISELLE D'HARVILLE, bas à Philippe.

Je suis mécontente... (A Beauvoisis.) Mon neveu, votre bras... (En s'en allant, à Philippe.) Très mécontente.

(Elle sort avec Beauvoisis par le fond.)

SCÈNE V.

PHILIPPE, seul.

Très mécontente... voilà le grand mot...
après ça, il n'y a plus rien à dire... ce bavard,
avec ses histoires, et ses airs de mépris... mé-
priser Frédéric! il a des torts, c'est possible;
mais ça regarde mademoiselle... ça me regarde... (*Pesant la bourse qu'il tient.*) Pauvre garçon!
son trimestre.., ce n'est pas lourd... et cette
fois-ci, pas de supplément à espérer... c'est
le cas de venir à son secours sans qu'il s'en
doute. (*Il regarde autour de lui, et fouille dans sa poche.*) J'ai justement là quelques petites épargnes
que j'allais placer... je ne suis pas un richard,
mais enfin, avec un peu d'ordre, on a toujours quelques cartouches au service de ses
amis. (*Il prend un rouleau de napoléons.*) Il trouvera
sa paie un peu alongée; mais il croira que c'est
mademoiselle... (*Il met quelques pièces d'or dans la
bourse.*) Où diable peut-il avoir passé la nuit?...
ne pas rentrer... nous donner de l'inquiétude...
c'est très mal... je suis d'une colère... (*Versant
tout le rouleau dans la bourse.*) Bah!... il faut tout
mettre... c'est plus tôt fait.

(Il va vers la gauche.)

SCÈNE VI.

FRÉDÉRIC, JOSEPH, PHILIPPE.

FRÉDÉRIC, à Joseph dans le fond.

Oui, va... que personne ne te voie!... ce
billet sur son panier à ouvrage, ou dans son
carton... tiens, voilà ma dernière pièce d'or.

(Joseph entre dans l'appartement de Mathilde.)

PHILIPPE.

C'est lui.

FRÉDÉRIC, posant son chapeau et sa cravache sur la table à droite.

Elle saura tout... mais quand je serai loin.

(Il traverse le théâtre, et va se jeter dans un fauteuil près
du guéridon.)

PHILIPPE, qui est au fond à droite, l'observant et se rap-prochant *.

Comme le voilà défait, abattu!... on dirait
qu'il vient de faire cent lieues de marche for-
cée... pauvre enfant!...

FRÉDÉRIC.

Elle me plaindra peut-être... (*Apercevant Philippe.*) Ah! Philippe!...

PHILIPPE, changeant de ton.

Vous voilà donc enfin!... morbleu! n'avez-
vous pas de honte?...

FRÉDÉRIC.

Ah! je t'en prie, fais-moi grace de tes re-
montrances. Je ne suis pas en humeur de les
entendre.

* Philippe, Frédéric

PHILIPPE.

Et vous les entendrez pourtant... Qu'est-ce
que ça signifie, une vie comme celle-là?...
Nous donner de l'inquiétude à tous!... à moi
sur-tout, et à mademoiselle.

FRÉDÉRIC, se levant vivement.

Mademoiselle, dis-tu?... Eh! quoi, Philippe,
elle saurait...?

PHILIPPE.

Elle sait tout... j'ai eu beau mentir pour
vous excuser; ce qui ne me serait pas arrivé
pour moi-même... elle n'a rien voulu entendre!... elle est furieuse contre vous.

FRÉDÉRIC.

Allons, il ne manquait plus que cela !...
j'aurais tout bravé... je prenais mon parti...
mais sa colère... Ah! jamais... moi, qui donnerais ma vie pour lui épargner un regret, un
chagrin...

PHILIPPE.

A la bonne heure... mais est-ce que vous ne
craignez pas aussi de me faire de la peine... à
moi, votre soutien, qui, absent ou présent,
suis toujours là, pour vous surveiller, pour
vous défendre?... Vous n'avez donc pas d'a-
mitié pour moi?

FRÉDÉRIC.

Si fait, Philippe... pardonne-moi... je suis
un fou, un ingrat... mais non... tiens, je suis
malheureux, voilà tout.

PHILIPPE.

Vous êtes malheureux!... (*S'arrêtant plus froidement.*) Je comprends... vous avez fait quelques sottises?

FRÉDÉRIC.

Une seule d'abord, qui m'en a fait commettre
vingt autres.

PHILIPPE.

C'est beaucoup pour commencer... mais allons par ordre.

FRÉDÉRIC.

Je suis amoureux.

PHILIPPE.

Amoureux!... Eh bien, il n'y a pas de mal...
il faut l'être quelquefois... pourvu que chaque
fois ça ne dure pas long-temps.

FRÉDÉRIC.

Mais c'est d'une personne si fort au-dessus
de moi !

PHILIPPE.

Bah! quand on est jeune, et assez bien... il
n'y a plus de distance... et cette personne?...

FRÉDÉRIC.

Ah! si tu savais... mais non, je voudrais me
le cacher à moi-même... Ah! Philippe... qu'il
est cruel de sentir au fond du cœur qu'on
pourrait se distinguer... qu'on serait capable
d'arriver...

AIR : Vaudeville du Baiser au Porteur.

Et voir sans cesse un obstacle invincible,

Un mur d'airain, qu'on ne peut surmonter..
Être sans nom !... sans nom... ce mot terrible
Je crois toujours l'entendre répéter.

PHILIPPE.

Cela doit-il vous arrêter ?
L'honneur est tout... il suffit qu'on le suive,
C'est là le but... et le monde aujourd'hui
Demande comment on arrive,
Et non pas d'où l'on est parti.
On demande comment on arrive,
Et non pas d'où l'on est parti.

FRÉDÉRIC.

Tu as beau dire... c'est une humiliation qui
me pèse... Tous ces jeunes gens qui viennent
ici semblent ne me voir qu'avec dédain...
Aussi, je n'y puis plus rester... cette maison
m'est devenue insupportable... le décourage-
ment m'a pris... je ne sais quelles extravagan-
ces m'ont passé par la tête... une rage de fortune... il me semblait que ce serait une com-
pensation... une espèce de mérite... j'en vois
tant qui n'ont que celui-là... et j'ai joué de désespoir.

PHILIPPE.

Vous avez joué !

FRÉDÉRIC.

Comme un fou... comme un furieux.

PHILIPPE, *lui serrant la main.*

Vous !... Ah ! Frédéric... c'est mal... c'est
très mal... je n'ai pas besoin de vous demander
si vous avez perdu.

FRÉDÉRIC.

Plus que je ne puis payer.

PHILIPPE.

Je devrais vous gronder : mais ça viendra
plus tard, et vous n'y perdrez rien... Allons au
plus pressé... (*Il tire de sa poche la bourse que lui a
remise mademoiselle d'Harville, et la présente à Frédéric.*)
Voilà le trimestre : il arrive à propos.

FRÉDÉRIC, *sans le regarder, et à lui-même.*

Le trimestre... ah ! ça ne suffit pas.

PHILIPPE.

Voyez... je crois qu'il y a plus qu'à l'ordi-
naire... (*Il lui met la bourse dans la main.*) C'est mademoiselle qui me l'a remis pour vous, avec
une mercuriale que vous avez trop méritée...
(*A part.*) J'ai bien fait de penser au supplément.

FRÉDÉRIC.

Allons, c'est toujours un à-compte.

PHILIPPE.

Comment ! un à-compte ?

FRÉDÉRIC.

Ah ! oui... apprends donc que j'ai joué ou
parié toute la nuit, contre M. de Beauvoisis,
que je ne peux pas souffrir... j'aurais été bien
aise de l'emporter sur lui... mais pas du tout...
a eu un bonheur aussi insolent que sa figure...
j'ai perdu onze mille francs.

PHILIPPE.

Onze mille francs ! miséricorde !...

FRÉDÉRIC.

Oui, onze mille francs, que j'ai empruntés
à mes voisins, à mes amis, au maître de la
maison... Il faut que je les rende aujourd'hui
même... et tu vois bien que je n'ai plus qu'à me
brûler la cervelle.

PHILIPPE.

Hein ?

Air des Amazones.

Y pensez-vous ?.. Quel est donc ce langage ?
J'en suis encor tout tremblant.

FRÉDÉRIC.

Mais aussi
Quand le malheur me poursuit...

PHILIPPE.

Du courage,
Et n'allez pas fuir devant l'ennemi ;
Non, n'allez pas fuir devant l'ennemi.
Restez, morbleu !

FRÉDÉRIC.

Moi ! que je vive encore !
Ah ! dans le monde, aux yeux d'un créancier,
Quand on rougit, quand on se déshonore,
Il faut mourir.

PHILIPPE.

Eh non, il faut payer.

FRÉDÉRIC.

Quand on rougit, quand on se déshonore,
Il faut mourir.

PHILIPPE.

Du tout... il faut payer ;
Avant tout, monsieur, il faut payer.

FRÉDÉRIC.

Et comment payer onze mille francs ?

PHILIPPE.

Je n'en sais rien... c'est embarrassant... il
n'y a pas d'économies qui puissent y suffire.

FRÉDÉRIC.

J'ai couru chez tous mes amis.

PHILIPPE.

Bah ! les amis... quand il faut prêter, ils sont
loin... Il n'y a qu'une personne qui puisse vous
tirer de là.

FRÉDÉRIC.

Mademoiselle d'Harville, ma protectrice.

PHILIPPE.

Il faut tout lui avouer.

FRÉDÉRIC.

Je n'oserai jamais... je l'aime beaucoup,
mais j'en ai si peur...

PHILIPPE.

C'est égal, morbleu... Du courage... il faut
en passer par là... ce sera votre punition... Justement la voici.

SCÈNE VII.

LES PRÉCÉDENTS, Mlle D'HARVILLE. *Frédéric
et Philippe remontent le théâtre et se tiennent au fond
à gauche.*

FRÉDÉRIC.

Tu ne nous quitteras pas, n'est-il pas vrai ?

PHILIPPE.

Soyez donc tranquille... Je suis là, en corps
de réserve pour vous soutenir.

(Mademoiselle d'Harville entre ; elle marche lentement,
et descend le théâtre sans voir Frédéric ni Philippe.)

FRÉDÉRIC, à Philippe.

Elle ne nous voit pas... elle est préoccupée...
et elle a un air si sévère...

PHILIPPE.

Je connais cet air-là... avancez, et ne trem-
blez pas.

FRÉDÉRIC fait quelques pas et recule.

Non, je n'oserai jamais... c'est plus fort que
moi... et plutôt mourir.

(Il s'enfuit dans sa chambre dont il ferme la porte.)

PHILIPPE.

Allons donc... (Regardant autour de lui, et le
voyant partir.) Eh bien, il s'enfuit, et me laisse
seul exposé au danger...

MADEMOISELLE D'HARVILLE, levant les yeux *.

Ah ! c'est vous, Philippe !... Frédéric a-t-il
enfin reparu ?

PHILIPPE.

Oui, mademoiselle.

MADEMOISELLE D'HARVILLE.

J'espère que vous lui avez parlé... (Voyant que
Philippe regarde de tous côtés.) Quoi donc ?... que
regardez-vous ?

PHILIPPE.

Si personne ne vient...(Il se rapproche.) Parce-
que je suis bien aise de ne pas être interrompu.

MADEMOISELLE D'HARVILLE.

Qu'y a-t-il donc ?

PHILIPPE.

Il y a, mademoiselle, un petit malheur ; peu
de chose... Dame !... la jeunesse, c'est un moment de fièvre qui dure plus ou moins... et
quand l'accès est passé, ce qui malheureuse-
ment arrive toujours trop tôt...

MADEMOISELLE D'HARVILLE.

Où voulez-vous en venir ?

PHILIPPE.

Voici, mademoiselle... (Baissant la voix.) L'enfant a joué.

MADEMOISELLE D'HARVILLE.

Frédéric !

PHILIPPE.

Oui, mademoiselle, il a joué... il a perdu...
il doit de l'argent. (A part.) Là ! coup sur coup,
c'est plus vite passé.

MADEMOISELLE D'HARVILLE.

Que me dites-vous là ?... cette maison où
mon neveu l'a rencontré...

PHILIPPE.

C'était une maison de jeu... mais dans le
grand genre... bonne société... aussi l'enfant a
beaucoup perdu, et maintenant, mademoiselle, il faut payer.

* Mademoiselle d'Harville, Philippe.

MADEMOISELLE D'HARVILLE.

Payer !... et vous croyez que j'y consentirai,
moi !... que j'encouragerai un pareil désordre...
que j'acquitterai une dette de jeu ?

PHILIPPE.

Oui, mademoiselle... onze mille francs.

MADEMOISELLE D'HARVILLE.

Eh ! qu'importe la somme ? ai-je coutume
de compter pour du bien à faire... un service
à rendre ?... j'y mets quelque noblesse, je
crois... mais après une pareille conduite...
non, Philippe, non... mon parti est pris, je
ne paierai rien.

PHILIPPE, s'animant.

Vous ne paierez rien ?

MADEMOISELLE D'HARVILLE.

Non, sans doute... eh ! que dirait ma famille... que dirait le monde... si la fortune des
d'Harville ne servait qu'à réparer les sottises
d'un étourdi ?

PHILIPPE.

Votre famille... le monde !... vous les craignez trop, mademoiselle... vous leur avez déjà
sacrifié tant de choses !

MADEMOISELLE D'HARVILLE.

Philippe !...

PHILIPPE.

Ne craignez rien... ce que je vous ai promis,
je ne l'oublierai pas... mais il faut que chacun
fasse son devoir... songez donc que ce pauvre
jeune homme n'a que vous au monde... et si
vous l'abandonnez, si vous souffrez qu'il soit
déshonoré... il a du cœur, cet enfant... il se
tuera.

MADEMOISELLE D'HARVILLE.

O ciel !

PHILIPPE.

Il y est décidé... Que voulez-vous, il ne tient
pas à la vie... comme il me disait tout à l'heure :
« Je suis seul, sans parents, sans espérance...
« je dois tout à la pitié. »

MADEMOISELLE D'HARVILLE.

Il disait cela ?...

PHILIPPE.

Oui... et bien d'autres choses qui m'ont fait
venir les larmes aux yeux... Pauvre garçon !...
je le regardais et je me disais à part moi...
(Mouvement de mademoiselle d'Harville.) Rien, mademoiselle, rien du tout... mais j'avais le cœur
serré... Oh ! vous ne sentez pas cela, vous...
vous êtes tranquille, heureuse.

MADEMOISELLE D'HARVILLE.

Heureuse ? moi... non, Philippe, non, je ne
le suis pas.

PHILIPPE.

Laissez donc, mademoiselle !... Dans vos salons, entourée de ce monde qui vous honore,
de votre famille que vous dirigez selon votre
plaisir...

MADEMOISELLE D'HARVILLE.

Au fond du cœur, croyez-vous donc que je

ne sente rien de plus?... mais je dois à tous ceux qui m'entourent des leçons... des exemples...

PHILIPPE.

Comment, mademoiselle !

MADEMOISELLE D'HARVILLE.

Je paierai tout... je m'y engage... mais n'en parlez à personne... ne le dites pas à lui-même.

PHILIPPE.

Pourquoi donc? vous avez peur qu'il ne vous aime trop?

MADEMOISELLE D'HARVILLE.

Ah! pouvez-vous le penser? mais mon neveu pourrait s'étonner, se plaindre... vous savez qu'il doit être mon héritier.

PHILIPPE.

Raison de plus pour bien traiter ce pauvre Frédéric pendant que vous y êtes... Et d'abord, il ne doit plus être exposé à retomber dans une pareille faute. Pour cela, il faut qu'il soit content. Sa pension n'est pas assez forte.

MADEMOISELLE D'HARVILLE.

Vous croyez? eh bien, Philippe, on peut l'augmenter.

PHILIPPE.

Oui, du double... Après ça, tous ses camarades ont des chevaux, des équipages... (Mouvement de mademoiselle d'Harville.) Je ne suis pas exigeant, mais il me semble que quand vous lui donneriez un joli cheval de selle, avec un domestique pour l'accompagner...

MADEMOISELLE D'HARVILLE.

En vérité, Philippe, vous êtes d'une exigence...

PHILIPPE.

Dame! écoutez donc, mademoiselle...

MADEMOISELLE D'HARVILLE.

C'est bien... achetez ce cheval... tout ce qu'il faudra... mais soyez économe.

PHILIPPE.

Suffit... je prendrai ce qu'il y a de plus cher... et quand il sera dessus, vous m'en direz des nouvelles. Le gaillard!... savez-vous qu'il est très bien, au moins?... Vous n'y faites pas attention... Mais l'autre jour, aux Tuileries, il y avait des dames... mais de belles dames, qui le regardaient passer, et qui disaient entre elles: « Tournure distinguée... joli cavalier... »

MADEMOISELLE D'HARVILLE, avec joie.

Vraiment?

PHILIPPE.

Oui, mademoiselle... oui, elles l'ont dit... il ne l'a pas entendu, lui; mais moi qui l'accompagnais, je n'en ai pas perdu un mot... et ça me faisait plaisir.

MADEMOISELLE D'HARVILLE.

En effet... il a une physionomie...

PHILIPPE.

Fort agréable, j'ose le dire... et s'il était un

peu encouragé... si vous lui adressiez de temps en temps un petit mot d'amitié... Tenez, mademoiselle... vous êtes trop sévère avec lui.

MADEMOISELLE D'HARVILLE.

Moi!...

PHILIPPE.

Il est là... tout tremblant...

MADEMOISELLE D'HARVILLE.

Là!... Frédéric!...

PHILIPPE.

AIR : Dis-moi, t'en souviens-tu :

Si vous-même daigniez lui dire
Que vous pardonnez cette fois...
Allons, votre cœur le désire
Autant que le mien, je le vois.

MADEMOISELLE D'HARVILLE.

Mais êtes-vous sûr que personne...?

PHILIPPE.

Non, non, personn' ici n' porte ses pas...
Et vous pouvez être indulgente et bonne;
Ne craignez rien, on ne vous verra pas.

(Mademoiselle d'Harville s'assied auprès de la table, Philippe va à la porte de la chambre de Frédéric, et lui fait signe d'approcher.)

SCÈNE VIII.

Mlle D'HARVILLE, FRÉDÉRIC, PHILIPPE.

PHILIPPE, bas à Frédéric.

Venez, j'ai parlé... ça va bien.

FRÉDÉRIC.

Ce n'est pas possible.

PHILIPPE.

Si fait... soyez gentil, et remerciez-la.

MADEMOISELLE D'HARVILLE.

Ah! Frédéric, approchez.

PHILIPPE, le poussant.

Approchez donc... plus près... encore...

FRÉDÉRIC, à part.

Je tremble.

MADEMOISELLE D'HARVILLE.

Je sais tout, monsieur... (Mouvement de Frédéric.) Rassurez-vous... je n'ajouterai pas aux reproches que vous vous faites sans doute... je réparerai votre folie... mais que cette leçon ne soit pas perdue.

FRÉDÉRIC.

Je ne l'oublierai de ma vie... ni vos bontés non plus, madame.

PHILIPPE, bas.

C'est ça...

(Il passe auprès de la table à la droite de mademoiselle d'Harville.)

MADEMOISELLE D'HARVILLE.

Frédéric, ne devenez pas joueur, je vous en prie.

FRÉDÉRIC.

Jamais, madame, jamais... (A part.) Je n'en reviens pas... tant de bonté...

PHILIPPE.

Il ne jouera plus, mademoiselle... c'est bon
pour une fois.

MADEMOISELLE D'HARVILLE.

Vous me feriez bien de la peine.

FRÉDÉRIC.

Ah! je mourrais plutôt que de rien faire qui
pût déplaire à madame... quand je songe à tous
les bienfaits dont on m'a comblé dans cette
maison... moi, qui n'avais personne au monde.

MADEMOISELLE D'HARVILLE, lui tendant la main.

Vous avez des amis qui ne vous abandonne-
ront pas, tant que vous serez digne d'eux.

PHILIPPE.

Il le sera toujours, j'en réponds.

FRÉDÉRIC, baisant avec transport la main de mademoiselle d'Harville.

Oh! toujours...

(Mademoiselle d'Harville se détourne avec émotion.)

PHILIPPE, bas à mademoiselle d'Harville.

C'est bien ça, mademoiselle... (A part.) A sa
place, il me semble que moi, je l'aurais déjà...

(Il fait le mouvement d'embrasser.)

MADEMOISELLE D'HARVILLE.

Et vos travaux, vos études... où en êtes-
vous? songez-vous à vous faire un état, un
nom?

FRÉDÉRIC.

Je n'ai plus qu'à prêter mon serment d'a-
vocat.

PHILIPPE.

Là! voyez-vous, il est avocat!... et il n'en
disait rien.

FRÉDÉRIC.

C'est si peu de chose, tant qu'on ne s'est pas
distingué.

MADEMOISELLE D'HARVILLE.

Il a raison.

PHILIPPE.

Il paraît que c'est difficile... et que, dans
ce régiment-là, les chevrons ne viennent pas
vite... mais c'est égal, c'est toujours fort joli
d'être avocat à son âge... n'est-ce pas, mademoiselle?

MADEMOISELLE D'HARVILLE.

Sans doute; c'est un titre... j'ai vu des avo-
cats qui étaient reçus dans les meilleures mai-
sons... cela peut mener à quelque chose.

PHILIPPE.

Je crois bien.

MADEMOISELLE D'HARVILLE, observant Frédéric.

(A part.) Oui, Philippe disait vrai; il n'est
pas mal... bonne tournure... air distingué.
(Philippe vient auprès de Frédéric à sa gauche. Elle se
lève. Haut à Frédéric*.) Écoutez-moi, Frédéric, je
m'occupe de votre avenir, de votre bonheur...
je ne vous demande que de n'y point mettre
obstacle par votre conduite.

FRÉDÉRIC.

Ah! parlez; décidez de mon sort... trop
heureux de vous consacrer ma vie.

* Mademoiselle d'Harville, Frédéric; Philippe.

MADEMOISELLE D'HARVILLE.

Voilà qui me satisfait... je ne trouverai donc
en vous nul obstacle à mes volontés?

FRÉDÉRIC.

Que je perde tous mes droits à vos bontés,
si j'hésite un instant... à vous obéir.

PHILIPPE.

Je suis sa caution.

MADEMOISELLE D'HARVILLE.

Eh bien! Frédéric... j'ai en vue pour vous
un établissement fort honorable... une étude
qui vaut, dit-on, deux cent mille francs.

FRÉDÉRIC, s'inclinant.

Ah! madame!...

MADEMOISELLE D'HARVILLE.

Celle de Desmarets, mon avoué... il vous la
cède pour rien.

PHILIPPE.

Pas possible!

MADEMOISELLE D'HARVILLE.

C'est la dot de sa fille, jeune personne
charmante et très bien élevée... qu'il vous
donne en mariage.

FRÉDÉRIC.

O ciel!

TRIO.

Musique de M. Heudier.

ENSEMBLE.

FRÉDÉRIC, PHILIPPE, MADEMOISELLE D'HARVILLE.

FRÉDÉRIC.

Sort fatal! destin contraire!
Cet arrêt me désespère;
Mais que résoudre, que faire,
Pour éviter sa colère?

PHILIPPE.

Sort heureux! destin prospère!
Lorsque son cœur moins sévère
A nos vœux n'est plus contraire,
Pourquoi gémir et vous taire?

MADEMOISELLE D'HARVILLE.

Quel embarras! quel mystère!
Lorsque mon cœur moins sévère
Vous assure un sort prospère,
Pourquoi gémir et vous taire?

MADEMOISELLE D'HARVILLE, à Frédéric.

Vous gardez le silence.

FRÉDÉRIC, hésitant.

Pardon... je ne puis accepter.

PHILIPPE, bas.

O ciel! quelle imprudence!

MADEMOISELLE D'HARVILLE.

Que dit-il?

FRÉDÉRIC.

Daignez m'écouter.

MADEMOISELLE D'HARVILLE.

Non, monsieur... à mes vœux
Il faut souscrire... je le veux.
Cet hymen...

FRÉDÉRIC.

Non, jamais;
Ah! plutôt perdre vos bienfaits!

ENSEMBLE.

FRÉDÉRIC, MADEMOISELLE D'HARVILLE et PHILIPPE.

FRÉDÉRIC.

Sort fatal! destin contraire!
Cet arrêt me désespère...
Mais que résoudre, que faire.
Pour éviter sa colère,
Pour éviter sa colère?

MADEMOISELLE D'HARVILLE et PHILIPPE.

A { mes / ses } vœux être contraire!

Ah! redoutez { ma / sa } colère!...

Que veut dire ce mystère?
Mais parlez, c'est trop vous taire,

Ou redoutez { ma / sa } colère.

SCÈNE IX.

LES PRÉCÉDENTS, MATHILDE*, accourant au bruit.

MATHILDE.

Ah! mon Dieu! ma tante, qu'est-ce donc?...
comme vous avez l'air fâché!

MADEMOISELLE D'HARVILLE, regardant Frédéric.

Il me semble que j'ai quelque droit de l'être.

MATHILDE.

Contre M. Frédéric!

MADEMOISELLE D'HARVILLE.

Sans doute... et vous, mademoiselle, qui
prenez toujours son parti... je ne sais pas,
dans cette occasion, comment vous pourrez le
justifier. Refuser un mariage superbe!

PHILIPPE.

Une étude de deux cent mille francs!

MADEMOISELLE D'HARVILLE.

Une jeune personne charmante!

MATHILDE.

Serait-il vrai, M. Frédéric?

MADEMOISELLE D'HARVILLE.

Et pour quelle raison?

FRÉDÉRIC.

Si je ne me croyais plus libre... si mon cœur
était engagé...?

MADEMOISELLE D'HARVILLE.

Quoi!... c'est cela?

PHILIPPE.

Oui, mademoiselle, je l'avais oublié... il est
amoureux.

FRÉDÉRIC.

Pour mon malheur!... mais cela ne me
donne pas le droit, en me mariant, de faire
celui d'une autre.

MATHILDE.

Ma tante... c'est au moins d'un honnête
homme... et vous ne pouvez le forcer...

MADEMOISELLE D'HARVILLE.

D'être raisonnable?... si, vraiment!... finissons.

* Mathilde, mademoiselle d'Harville, Frédéric, Philippe.

AIR de Téniers.

Je veux connaître cette belle.
  (A Philippe.)
A vous, peut-être, il le dira.

PHILIPPE, à Frédéric.

Répondez, monsieur, quelle est-elle?

FRÉDÉRIC.

Non, non, personne ici ne le saura.
N'insistez pas sur un sujet semblable...
  Oui, malgré moi, pour mon tourment,
Je puis l'aimer, et sans être coupable;
  Je le serais en la nommant.

SCÈNE X.

LES PRÉCÉDENTS, BEAUVOISIS*.

BEAUVOISIS.

Eh bien! où est donc tout le monde?... on
me laisse seul... je vous cherchais, ma jolie
cousine.

MATHILDE.

Vraiment!

BEAUVOISIS.

Moi, qui m'endors dès que je ne fais rien,
je m'amusais à feuilleter votre carton de des-
sins... des choses ravissantes... lorsque tombe
à mes pieds cette lettre toute cachetée.

MADEMOISELLE D'HARVILLE.

Une lettre!

BEAUVOISIS.

Adressée à Mathilde.

FRÉDÉRIC, dans le plus grand trouble.

C'est la mienne!

MADEMOISELLE D'HARVILLE.

Qu'est-ce que cela signifie?

MATHILDE.

Je l'ignore, ma tante... voyez vous-même.

PHILIPPE, bas à Frédéric qui fait un mouvement.

Qu'avez-vous donc?

FRÉDÉRIC, de même.

C'est fait de moi!

MADEMOISELLE D'HARVILLE, qui, pendant ce temps, a
décacheté la lettre.

Une déclaration! Signé, Frédéric...

BEAUVOISIS, MATHILDE, MADEMOISELLE D'HAR-
VILLE, PHILIPPE.

Frédéric!...

AIR : A nos serments l'honneur t'engage (de LA MUETTE)

ENSEMBLE.

MADEMOISELLE D'HARVILLE, BEAUVOISIS, PHILIPPE,
MATHILDE et FRÉDÉRIC.

MADEMOISELLE D'HARVILLE et BEAUVOISIS.

  Dieu! qu'ai-je lu!
  Quelle insolence!
  C'est l'indulgence
  Qui l'a perdu.

PHILIPPE et MATHILDE.

  Qu'ai-je entendu!
  Quelle imprudence!
  Plus d'espérance,
  Tout est perdu!

* Mathilde, Beauvoisis, mademoiselle d'Harville, Frédéric, Philippe.

FRÉDÉRIC, à part

Qu'ai-je entendu !
Plus d'espérance...
Mon imprudence
A tout perdu.

MADEMOISELLE D'HARVILLE.

M'outrager ainsi !

BEAUVOISIS.

Quelle audace !

MADEMOISELLE D'HARVILLE.

Manquer à ma famille !

BEAUVOISIS.

Oublier ce qu'il est !

MADEMOISELLE D'HARVILLE.

A mes bontés voilà le prix qu'il réservait !

FRÉDÉRIC.

Ah ! de grace...

BEAUVOISIS.

Il fallait le tenir à sa place.

MADEMOISELLE D'HARVILLE.

Il suffit !... de ces lieux qu'il s'éloigne à l'instant.

MATHILDE.

Que dites-vous, ô ciel !...

MADEMOISELLE D'HARVILLE, regardant sa nièce et Philippe.

J'espère maintenant
Que personne, chez moi, n'osera le défendre.

(Mathilde baisse les yeux.)

FRÉDÉRIC.

Ah ! madame...daignez m'entendre.

ENSEMBLE.

MADEMOISELLE D'HARVILLE, BEAUVOISIS, PHI-
LIPPE, MATHILDE et FRÉDÉRIC.

MADEMOISELLE D'HARVILLE et BEAUVOISIS.

Dieu ! qu'ai-je lu ! etc.

PHILIPPE et MATHILDE.

Qu'ai-je entendu ! etc.

FRÉDÉRIC, à part.

Qu'ai-je entendu ! etc.

MADEMOISELLE D'HARVILLE.

Qu'il sorte de mon hôtel... (A Beauvoisis.) Tenez, vicomte, voici la clef de mon secrétaire ;
allez... faites un bon sur mon banquier d'une
année de pension...

FRÉDÉRIC.

Et je pourrais encore accepter vos bienfaits !

PHILIPPE, bas à Frédéric.

Taisez-vous.

MADEMOISELLE D'HARVILLE.

Rentrez, Mathilde, dans votre appartement... et vous, Philippe, suivez-moi... (Philippe
veut lui parler.) Et pas un mot.

(Beauvoisis sort le premier ; mademoiselle d'Harville,
avant de sortir, ordonne du geste à Mathilde de rentrer
chez elle ; Frédéric et Philippe implorent mademoiselle
d'Harville, qui les regarde d'un air courroucé, et sort ;
Philippe la suit. Mathilde est seule à droite, auprès de
la porte de son appartement.)

SCÈNE XI.

MATHILDE, FRÉDÉRIC.

MATHILDE, prête à rentrer.

Ah ! l'imprudent !

(Au moment où elle va pour rentrer, Frédéric passe à sa
droite pour l'arrêter.)

FRÉDÉRIC.

Ah ! mademoiselle, un mot, de grace.

MATHILDE, toujours près de la porte.

Impossible.

FRÉDÉRIC.

Au nom du ciel... daignez m'écouter.

MATHILDE, de même.

Je ne le puis plus maintenant... et ma tante...
M. de Beauvoisis...

FRÉDÉRIC, regardant par la porte du fond, et revenant
à la gauche de Mathilde.

Peu m'importe leur colère... c'est la vôtre
que je redoute... et quand un mot pourrait
me justifier...

MATHILDE.

Vous justifier !... Ah ! je le voudrais.

FRÉDÉRIC.

Ce secret eût dû mourir avec moi... je le
sais... et quand je l'ai trahi, c'est que j'étais
décidé à vous fuir à jamais... à m'ôter la vie.

MATHILDE.

Que dit-il ?

FRÉDÉRIC.

Seul parti qui me reste maintenant.

MATHILDE, s'approchant vivement.

O ciel ! monsieur Frédéric ! (Se reprenant sur
un ton plus timide.) Je n'ai le droit de rien exiger
de vous... mais si vous m'avez offensée, si
vous tenez à votre pardon, renoncez à de telles
idées... conservez-vous pour vos amis.

FRÉDÉRIC.

Des amis !... je n'en ai plus.

MATHILDE.

Ah ! plus que vous ne croyez.

FRÉDÉRIC, se jetant à ses pieds.

Qu'entends-je !... ah ! Mathilde !...

SCÈNE XII.

LES PRÉCÉDENTS, BEAUVOISIS, entrant par le fond,
une traite à la main.

BEAUVOISIS, les apercevant.

Qu'est-ce que c'est que ça ?

MATHILDE, poussant un cri.

Ah !...

(Elle se sauve dans son appartement.)

BEAUVOISIS, riant *.

Admirable !... et voilà qui est du dernier pa-
thétique... Heureusement que la scène n'avait
pas d'autre témoin que moi.

FRÉDÉRIC.

Monsieur...

____
* Frédéric. Beauvoisis.

BEAUVOISIS.

Il suffit... je veux bien ne pas en parler à ma tante, qui, sans doute, vous retirerait ses derniers bienfaits... (Lui présentant une lettre de change.) Les voici... prenez... et partez... Prenez, vous dis-je.

FRÉDÉRIC.

Jamais... la main qui me les offre suffirait pour me les faire refuser.

BEAUVOISIS.

Qu'est-ce à dire ?

FRÉDÉRIC.

Que je dois respect à ma bienfaitrice ; mais à vous, monsieur... je ne vous dois rien... et je vous demanderai de quel droit vous vous êtes permis...

BEAUVOISIS, riant.

De vous surprendre aux pieds de ma cousine ?

FRÉDÉRIC.

Non, monsieur... mais de vous emparer d'une lettre qui n'était pas pour vous... c'est une action... une action indigne d'un galant homme... Je ne sais pas si je me fais entendre.

BEAUVOISIS.

Ah ! permettez... ce n'est pas bien, monsieur Frédéric... parce que vous êtes sans importance, sans état dans le monde, vous abusez de vos avantages pour m'insulter... Ce n'est pas généreux.

Air de Lantara.

Je ne saurais, en conscience,
Accepter un pareil rival.

FRÉDÉRIC.

Oui, votre nom, votre naissance
Rendraient le combat inégal.

BEAUVOISIS.

Ah ! vous me comprenez fort mal.
Parler ici de rang et de distance
N'est plus de mode, et n'est pas mon dessein.
Car, maintenant, avec ou sans naissance,
Tous sont égaux les armes à la main.

Je voulais seulement vous parler de votre position dans cette maison.

FRÉDÉRIC.

Je n'y suis plus... on m'en bannit.

BEAUVOISIS.

Vous devez du moins vous la rappeler.

FRÉDÉRIC.

Vous me l'avez fait oublier... J'ai reçu les bienfaits de la tante, et les outrages du neveu... nous sommes quittes... et si vous n'êtes point un lâche...

BEAUVOISIS, étonné.

Monsieur...

Air : Le regret, la douleur (de LÉOCADIE)

ENSEMBLE.

BEAUVOISIS et FRÉDÉRIC.

BEAUVOISIS.

C'en est trop, mon honneur
Doit punir cet outrage :
Le dépit, la fureur,
S'emparent de mon cœur.
Il vous faut, je le gage,
Donner une leçon...
Et d'un pareil outrage
Je veux avoir raison.

FRÉDÉRIC.

Je l'ai dit, mon honneur
Punira cet outrage...
Le dépit, la fureur,
S'emparent de mon cœur.
Vous avez, je le gage,
Besoin d'une leçon...
Et d'un pareil outrage
Je veux avoir raison.

BEAUVOISIS.

Votre attente, monsieur, ne sera point trompée.
Votre arme ?...

FRÉDÉRIC.

C'est égal...

BEAUVOISIS.

L'épée.

FRÉDÉRIC.

Oui, soit, l'épée.

BEAUVOISIS.

Votre témoin ?

FRÉDÉRIC.

Je n'en ai pas besoin.

BEAUVOISIS.

Le lieu ?

FRÉDÉRIC.

Le Bois.

BEAUVOISIS.

Et l'heure ?

FRÉDÉRIC.

Sur-le-champ.

BEAUVOISIS.

Soit, j'y consens.

FRÉDÉRIC.

Je vous suis à l'instant.

REPRISE DE L'ENSEMBLE.

BEAUVOISIS et FRÉDÉRIC.

BEAUVOISIS.

C'est assez, mon honneur
Doit punir cet outrage, etc.

FRÉDÉRIC.

C'est assez, mon honneur
Punira cet outrage, etc.

(Beauvoisis sort.)

SCÈNE XIII.

FRÉDÉRIC, seul.

C'est bien... il est adroit... je ne le suis pas... Ce sera plus tôt fini... je serai délivré d'une existence qui m'est à charge... Et puisque je ne peux plus voir Mathilde... puisque, aujourd'hui même, il faut quitter ces lieux...

SCÈNE XIV.

FRÉDÉRIC, PHILIPPE.

PHILIPPE, qui est entré avant les derniers mots.

Les quitter... pas encore.

FRÉDÉRIC.

Que dis-tu ?

PHILIPPE.

Que je viens de parler pour vous.

FRÉDÉRIC.

On te l'avait défendu.

PHILIPPE.

Écoutez-moi... vous avez eu de grands torts... le premier d'aimer mademoiselle Mathilde... le second de lui écrire... et le troisième sur-tout de ne pas m'en avoir parlé.

FRÉDÉRIC.

A toi?

PHILIPPE.

Oui, sans doute... c'est une idée comme une autre... et si elle m'était venue plus tôt, on aurait agi en conséquence.

FRÉDÉRIC.

Y penses-tu?

PHILIPPE.

Si j'y pense! apprenez que depuis vingt-cinq ans je n'ai point passé un jour sans penser à votre avancement... à votre avenir... et vous n'aurez jamais autant d'ambition... que j'en ai pour vous.

FRÉDÉRIC.

Mon cher Philippe...

PHILIPPE.

Mais pour arriver, il faut se laisser conduire et me laisser faire... Vous restez... vous ne partez plus.

FRÉDÉRIC.

Il serait possible! et comment as-tu pu l'obtenir?

PHILIPPE.

A deux conditions... dont j'ai répondu.

FRÉDÉRIC, vivement.

Et que je ratifie d'avance.

PHILIPPE.

D'abord, que vous éviterez mademoiselle Mathilde, et que vous ne lui répéterez jamais un seul mot de ce que vous lui avez écrit.

FRÉDÉRIC.

Ah! mon Dieu! c'est déja fait.

PHILIPPE, sévèrement.

Qu'est-ce que c'est?

FRÉDÉRIC.

Rien... et la seconde condition?

PHILIPPE.

C'est de ménager M. de Beauvoisis... de vous mettre bien avec lui... et pour commencer, comme il a droit d'être offensé de la lettre de ce matin... mademoiselle d'Harville exige qu'à ce sujet vous fassiez quelques excuses à son neveu.

FRÉDÉRIC.

Des excuses... à mon rival... à l'auteur de ma disgrace! à un homme qui a passé sa vie à m'abreuver d'outrages... des excuses... je vais me battre avec lui...

PHILIPPE.

Vous battre...

FRÉDÉRIC.

Air d'Aristippe.

Oui, dût ma mort être certaine,
Je n'écoute que mon courroux.
J'ai sa parole, il a la mienne,
Et nous avons pris rendez-vous...

PHILIPPE.

Quoi! vous avez pris rendez-vous!

FRÉDÉRIC.

Le premier, il faut qu'il m'y trouve.
(Le regardant.)
Mais tu trembles!... est-ce d'effroi?

PHILIPPE, ému.

Oui, c'est possible; car j'éprouve
Ce que jamais je n'éprouvai pour moi.
(Avec plus d'émotion.) Vous battre! vous qui savez à peine tenir une épée!

FRÉDÉRIC.

N'importe.

PHILIPPE.

Et lui, qui ne se bat jamais qu'à coup sûr!

FRÉDÉRIC.

Ça m'est égal.

PHILIPPE.

C'est courir à un péril certain.

FRÉDÉRIC.

Eh bien! que mon sort s'accomplisse!... qu'ai-je à faire ici-bas?... Jeté seul sur la terre... m'ignorant moi-même, et rougissant peut-être de me connaître... sans parents, sans famille...

PHILIPPE.

Et moi... je ne suis donc rien pour vous?

FRÉDÉRIC, vivement, et lui prenant la main.

Si, si... je me trompe... toi, toi seul, Philippe... tu m'aimais, je le sais... en ce moment même tu es ému... tes yeux sont mouillés de pleurs.

PHILIPPE, très ému.

Eh bien! au nom de ce long attachement... par ces larmes que vos dangers m'arrachent... renoncez à ce funeste dessein.

FRÉDÉRIC.

Y renoncer!

PHILIPPE, avec ame.

Frédéric!... mon ami... mon enfant... je vous en supplie... je vous le demande à genoux... non pour mademoiselle d'Harville, dont vous voulez si mal reconnaître les bienfaits... non pour Mathilde, que vous allez rendre mille fois plus malheureuse... mais pour moi, pour votre vieux Philippe... qui vous a vu naître... qui vous a porté dans ses bras... oubliez les propos d'un étourdi, d'un fou.

FRÉDÉRIC.

Les oublier... non, jamais.

PHILIPPE.

Quel était le sujet de la dispute?

FRÉDÉRIC, avec force.

Je n'en sais rien... mais il faut que je me venge.

PHILIPPE.

Que vous a-t-il dit?

FRÉDÉRIC, hors de lui.

Je n'en sais rien... mais il faut que je me
venge... de lui, de son amour, de son mariage
avec Mathilde... L'heure approche... vite, Philippe, mon épée.

PHILIPPE, froidement.

Non, monsieur.

FRÉDÉRIC.

Comment!...

PHILIPPE.

Vous n'irez pas.

FRÉDÉRIC.

Qu'oses-tu dire?

PHILIPPE.

Que, puisque vous êtes sourd à mes priè-
res... à la voix de l'amitié... puisque vous oubliez tous vos devoirs... je remplirai les miens...
vous ne sortirez pas.

FRÉDÉRIC.

Et qui pourrait m'en empêcher?

PHILIPPE.

Moi... qui vous consigne.

FRÉDÉRIC.

C'est ce que nous allons voir...

(Il va prendre sur la table ses gants, son chapeau et sa
cravache, qu'il y a déposés à sa première entrée; pendant
ce mouvement Philippe est allé fermer la porte du fond,
dont il a retiré la clef.)

FRÉDÉRIC se retourne et l'aperçoit *.

Comment, tu oserais...?

PHILIPPE.

Vous sauver malgré vous... oui, monsieur,
je vous ai dit que vous ne sortiriez pas... et
vous ne sortirez pas.

FRÉDÉRIC.

Quelle audace! (D'une voix émue.) Philippe,
rendez-moi cette clef.

PHILIPPE.

Non, monsieur.

FRÉDÉRIC, s'emportant.

Crains ma fureur.

PHILIPPE, d'un ton impérieux.

Je ne crains rien... et je vous défends...

FRÉDÉRIC, hors de lui.

Me défendre... c'en est trop... et une telle
insolence...

PHILIPPE, voulant le retenir.

Arrêtez...

FRÉDÉRIC, levant sa cravache.

Sera châtiée par moi.

PHILIPPE.

Malheureux!... frappe donc ton père!

FRÉDÉRIC.

Mon père?...

(Il laisse tomber sa cravache.)

PHILIPPE.

AIR : Époux imprudent, fils rebelle.

Oui, je le suis... oui, j'en atteste
Cet amour que j'avais pour toi;
Oui, voilà ce secret funeste
Qui devait mourir avec moi;

* Philippe, Frédéric.

Ce secret, dont je fus victime,
Je l'avais gardé jusqu'ici
Pour ton bonheur... et j'ai trahi,
Ingrat!... pour t'épargner un crime,
Afin de t'épargner un crime.

FRÉDÉRIC.

Je n'ose lever les yeux.

PHILIPPE.

Tu rougis sans doute de devoir le jour à un
valet.

FRÉDÉRIC.

Jamais, jamais... ne le pensez pas.

PHILIPPE.

Je n'ai qu'un mot à te dire... ce valet était
soldat quand tu es venu au monde... plein
d'ardeur et de courage, une carrière brillante
s'ouvrait devant moi... car alors on se faisait
tuer, ou on devenait général... Eh bien, gloire,
avenir, fortune, jusqu'à l'espoir de mourir sur
un champ de bataille, j'ai tout sacrifié... pour
rester près de mon fils... pour veiller sur sa
jeunesse, je n'ai pas craint de m'exposer aux
dédains, de m'abaisser à l'emploi le plus vil...
de devenir ton serviteur. (Mouvement de Frédéric.)
Je n'en ai pas rougi, moi... je me disais : « Il
m'aimera... n'importe comment; et cela me
suffit. »

FRÉDÉRIC.

Ah! comment payer tant de bienfaits...
comment expier mes torts?... (Il se jette dans ses
bras.) Mon père!... (Avec amour.) Ah! que ce
nom fait de bien ! qu'il est doux à prononcer!...
j'ai un ami, une famille... je ne suis plus seul.

(Il embrasse de nouveau Philippe, qui le presse tendre-
ment dans ses bras.)

PHILIPPE, s'essuyant les yeux.

Cher enfant... calme-toi...

FRÉDÉRIC.

Mais, de grace, daignez m'expliquer...

PHILIPPE.

Pas un mot de plus sur ce mystère... une
promesse sacrée... un serment... que personne
ne puisse soupçonner que je l'ai trahi!... Mais
maintenant, refuseras-tu encore de m'obéir?

FRÉDÉRIC, vivement.

Non, non... je suis prêt... parlez.

PHILIPPE.

AIR de Turenne.

Puisqu'à mes vœux tu consens à te rendre,
A l'instant mêm' rentre chez toi.

FRÉDÉRIC.

Y pensez-vous?... il va m'attendre.

PHILIPPE.

N'as-tu pas confiance en moi?

FRÉDÉRIC.

Oh! oui, sans doute... oui, je vous croi;
Mais vous devez comprendre mieux qu'un autre
Qu'en ce moment, avec bien plus d'ardeur,
Je dois tenir à venger mon honneur,
Puisqu'à présent il est le vôtre.

PHILIPPE.

Cela me regarde... un soldat sait aussi bien
que toi ce que l'honneur demande.

FRÉDÉRIC, à part.

Grand Dieu! et cette porte est la seule...
impossible de m'échapper... (Haut.) De grâce.

PHILIPPE.

Rentre, te dis-je, Frédéric, je t'en prie.

FRÉDÉRIC, hésitant.

Mon père!

PHILIPPE, avec dignité.

Je vous l'ordonne.

FRÉDÉRIC, accablé.

J'obéis...

(Il s'incline avec respect, et rentre dans sa chambre. Philippe le suit des yeux.)

SCÈNE XV.

PHILIPPE, seul. Il va remettre la clef à la porte.

Oui, je devine tout ce qu'il doit souffrir,
et je l'en aime davantage!... mais on ne me
privera pas du seul bien qui me reste, et je
dois avant tout... Voici mademoiselle.

SCÈNE XVI.

PHILIPPE, Mlle D'HARVILLE.

MADEMOISELLE D'HARVILLE.

Eh bien, Philippe, l'avez-vous vu?... lui
avez-vous signifié mes ordres?

PHILIPPE, montrant la porte à gauche.

Parlez bas, madame... il est là.

MADEMOISELLE D'HARVILLE.

Là!... (Regardant Philippe.) Que s'est-il donc
passé? vos traits sont bouleversés.

PHILIPPE.

Je suis arrivé à temps... il allait se battre.

MADEMOISELLE D'HARVILLE, effrayée.

Se battre!

PHILIPPE.

Avec votre neveu.

MADEMOISELLE D'HARVILLE.

O ciel!... Il fallait le lui défendre.

PHILIPPE.

C'est ce que j'ai fait... je l'ai consigné dans
sa chambre, et jusqu'à nouvel ordre il n'y a
rien à craindre... mais en me servant de mon
autorité, il a bien fallu lui prouver que j'en
avais le droit... il sait que je suis son père.

MADEMOISELLE D'HARVILLE.

Grand Dieu!

PHILIPPE.

Rassurez-vous... il n'en sait pas davantage :
le reste du secret ne m'appartenait pas... je l'ai
respecté. Mais il ne faut pas s'abuser, madame..
les demi-mesures ne mèneraient à rien... ces
jeunes gens se sont défiés, et plus tard...

MADEMOISELLE D'HARVILLE.

Malgré votre défense?

PHILIPPE.

A leur âge, quand on a de l'honneur, la
défense de se battre n'en donne que plus d'en-
vie... Je sais ce que j'éprouvais, ce que j'é-
prouve encore à l'idée d'un affront... il n'y a
qu'un moyen d'empêcher ce malheur... et vous
seule pouvez l'employer.

MADEMOISELLE D'HARVILLE.

Moi, Philippe!

PHILIPPE.

En faisant disparaître entre eux tout motif
de querelle.

MADEMOISELLE D'HARVILLE.

Et comment?

PHILIPPE.

Frédéric aime votre nièce.

MADEMOISELLE D'HARVILLE, avec impatience.

Je le sais.

PHILIPPE.

M. de Beauvoisis n'aime que sa dot... il lui
sera facile d'y renoncer, et d'abjurer tout pro-
jet de vengeance, si vous le lui ordonnez...
Quant à Frédéric, je réponds de lui, s'il ob-
tient la main de Mathilde.

MADEMOISELLE D'HARVILLE, vivement.

La main de Mathilde!... qu'osez-vous dire?

PHILIPPE, froidement.

Il le faut, madame.

MADEMOISELLE D'HARVILLE.

Vous avez pu croire que je consentirais à
une pareille union?

PHILIPPE.

Il le faut, vous dis-je.

MADEMOISELLE D'HARVILLE.

Vous n'y pensez pas, Philippe... m'abaisser
à ce point!... donner des armes contre moi!

PHILIPPE.

Eh! qu'importe? il y va de la vie.

MADEMOISELLE D'HARVILLE.

Je trouverai un autre moyen de sauver votre
fils... mais je ne puis accorder ma nièce à un
jeune homme obscur.

PHILIPPE.

Je vous le demande comme une grace.

MADEMOISELLE D'HARVILLE.

Non, vous dis-je... (Avec hauteur.) Finissons,
Philippe... c'est oublier étrangement ce que
vous me devez... et qui vous êtes.

PHILIPPE, avec une indignation concentrée.

Qui je suis!... c'est vous qui l'oubliez... mais
je vous le rappellerai.

MADEMOISELLE D'HARVILLE, inquiète.

Philippe!

PHILIPPE, lui prenant la main.

Écoutez-moi... lorsqu'un arrêt de proscrip-
tion frappait et vous et votre famille... lorsque seule, séparée d'une mère chérie, vous
alliez payer de votre tête l'éclat de votre nom...
où vintes-vous chercher un refuge?... sous la
tente d'un soldat, sous la mienne... car alors
ce n'était que là que l'on trouvait la pitié!... et
des milliers de cœurs généreux battaient sous
le modeste uniforme... Je vous reçus, je vous
cachai, au risque de ma vie.

Air : *Je n'ai point vu ces bosquets de lauriers.*

Pour vous sauver, en ce moment d'horreur,
Sur mes dangers je devins insensible ;
Et ces dangers même avaient pour mon cœur
Je ne sais quoi de doux et de terrible.
    Alors... vous le rappelez-vous ?
Il n'était plus de rang ni de distance
Le trépas nous menaçait tous ;
Et quand la mort est si proche de nous,
    Déja l'égalité commence.

MADEMOISELLE D'HARVILLE, *se cachant la figure.*

Philippe !...

PHILIPPE, *continuant.*

Oui, j'étais jeune, j'étais brave... mais je n'étais rien... qu'un soldat... vous l'avez oublié un moment ; et de ce jour votre sauveur est devenu votre esclave.

MADEMOISELLE D'HARVILLE, *effrayée et montrant la porte de Frédéric.*

Plus bas, de grace.

PHILIPPE.

Alors, ému de vos regrets, de votre désespoir, je me soumis à tout... plus tard, pour rendre le calme à votre conscience, vous vouliez un mariage... j'y ai souscrit. Pour le monde, pour votre orgueil, vous avez exigé qu'il fût secret, j'y ai consenti... et votre époux ignoré, confondu dans la foule de vos gens, n'a jamais laissé échapper une plainte, un murmure... (*Avec une émotion profonde.*) Savez-vous cependant ce que je vous sacrifiais ?... je ne vous l'ai jamais dit, madame... mais, au fond de mon village, près de mon vieux père... une jeune fille douce, modeste, attendait le retour du pauvre soldat !... elle avait reçu mes serments : elle m'aimait... elle était fière de moi, celle-là ; et mon bonheur eût été son ouvrage... eh bien, je lui écrivis que je l'avais oubliée, que je ne l'aimais plus, qu'elle ne me reverrait jamais ! Bien plus, pour rester près de mon fils, je me résignai à le voir orphelin... élevé par pitié dans la maison de sa mère, qui, pour cacher sa faute, le prive de ses droits... je me condamnai à ne jamais le serrer dans mes bras, à ne l'aimer qu'en secret, à la dérobée... et pour prix de tant de courage, je ne vous demande qu'une chose, qu'une seule... le bonheur de votre enfant ; et vous me le refusez !

MADEMOISELLE D'HARVILLE.

Je le fais à regret... mais je le dois, et je suis surprise d'un pareil éclat... après vingt-cinq ans de silence, je ne m'attendais pas que vous, Philippe, vous auriez une prétention qui peut m'enlever, en un jour, ce que j'ai de plus cher au monde, l'estime et la considération de tous ceux qui m'environnent... Le mariage de Mathilde et de Frédéric me les ferait perdre sans retour ; car il m'accuserait d'oubli de mon rang, de ma naissance... il trahirait une faiblesse dont on chercherait la cause, et que la malignité aurait bientôt expliquée... et si cette faute que je déplore depuis si longtemps... si ce fatal secret étaient connus...

O Dieu !... je frémis d'y penser... je n'y survivrais pas, Philippe... Ainsi brisons là, je vous en prie... ne m'en parlez plus... ce mariage est impossible, et ne se fera jamais.

PHILIPPE.

Jamais ?...

MADEMOISELLE D'HARVILLE, *voulant sortir.*

Laissez-moi.

PHILIPPE, *la ramenant avec force.*

Non, madame, je ne vous quitte pas... j'ai pu me sacrifier à votre repos, à votre vanité... mais en échange de tant de supplices, de tant d'humiliations, il me faut le bonheur de mon fils... il me le faut... je le veux... et je l'obtiendrai par tous les moyens, même ceux que vous redoutez.

MADEMOISELLE D'HARVILLE.

Qu'entends-je !... et votre devoir, vos serments ?

PHILIPPE.

Vous qui parlez, tenez-vous les vôtres ?

MADEMOISELLE D'HARVILLE, *apercevant Joseph.*

On vient... silence, je vous en conjure.

(*Philippe reprend sur-le-champ une contenance respectueuse. Mademoiselle d'Harville s'éloigne et descend vers la gauche du théâtre.*)

SCÈNE XVII.

LES PRÉCÉDENTS, JOSEPH*.

JOSEPH.

Monsieur Philippe...

MADEMOISELLE D'HARVILLE.

Qu'est-ce qu'il y a, Joseph ?

JOSEPH.

Pardon, mademoiselle... c'est monsieur Philippe que je cherchais.

PHILIPPE.

Moi !...

JOSEPH.

Pour vous remettre ce papier que le concierge vient de monter... si j'avais su que mademoiselle était ici, je ne me serais pas permis...

PHILIPPE, *recevant la lettre, et la regardant.*

Eh ! mais... il n'y a pas d'adresse.

JOSEPH.

Oh ! c'est égal... c'est bien pour vous... c'est un commissionnaire qui l'a apporté, il y a un quart-d'heure, en disant de vous le remettre sur-le-champ.

PHILIPPE, *étonné.*

C'est singulier.

MADEMOISELLE D'HARVILLE, *faisant signe à Joseph de sortir.*

Il suffit... Allez, Joseph.

(*Joseph sort.*)

SCÈNE XVIII.

PHILIPPE, Mlle D'HARVILLE.

PHILIPPE, *ouvrant le billet.*

Je ne sais pourquoi... ce message me trou-

---

* Pierre, Joseph, mademoiselle d'Harville.

ble...et...je ne puis deviner... (Il jette les yeux sur
les premières lignes et pousse un cri.) Ah !...

MADEMOISELLE D'HARVILLE.

Qu'est-ce donc ?

PHILIPPE.

Frédéric !... il serait vrai !...
(Il laisse échapper la lettre, et se précipite dans la chambre de Frédéric.)

MADEMOISELLE D'HARVILLE.

Frédéric ?... que dit-il !... et quel nouveau
malheur...? (Elle ramasse la lettre et lit rapidement.)
« Mon ami, mon père... pardon, si je vous
« désobéis... mais à présent, moins que jamais,
« je ne puis vivre avec opprobre... Fils d'un sol-
« dat, personne n'aura le droit de m'appeler
« un lâche... l'heure a sonné... adieu... dans un
« instant, je serai vengé, ou je n'existerai
« plus... » (Allant vers Philippe.) Est-il possible !...
Frédéric !...

PHILIPPE, revenant pâle et les traits décomposés *.

C'en est fait... la fenêtre qui donne sur la
cour était ouverte... il s'est échappé.

MADEMOISELLE D'HARVILLE.

O ciel !...

PHILIPPE.

Il est parti... et, peut-être, en ce moment...
(Avec des sanglots.) Mon fils ! mon fils !...

MADEMOISELLE D'HARVILLE, le soutenant.

Philippe !...

PHILIPPE, tombant dans un fauteuil.

Je ne le verrai plus... il le tuera.

MADEMOISELLE D'HARVILLE, agitée.

Non, non... il est encore temps de les arrêter... il faut courir...

PHILIPPE.

Et de quel côté?... où sont-ils maintenant?

MADEMOISELLE D'HARVILLE.

Je ne sais... mais n'importe... il faut les re-
trouver... Ah !... (Courant à la porte du fond, qu'elle
ouvre avec précipitation, et appelant.) Marcel, Joseph,
Baptiste... (Elle court prendre la sonnette sur la table et sonne en continuant d'appeler.) Marcel, Joseph... venez tous... venez vite.

SCÈNE XIX.

LES MÊMES, JOSEPH, PLUSIEURS DOMESTIQUES
dans le fond ; ensuite MATHILDE.

MADEMOISELLE D'HARVILLE.

Mon neveu, où est-il?

JOSEPH.

M. le vicomte ?... il a quitté l'hôtel depuis
long-temps.

MADEMOISELLE D'HARVILLE.

Et Frédéric... l'avez-vous vu sortir?

JOSEPH.

Oui, mademoiselle... j'étais à la porte ; il est
monté dans un cabriolet de place.

MADEMOISELLE D'HARVILLE.

Quel chemin a-t-il pris?

* Mademoiselle d'Harville. Philippe

JOSEPH.

Je ne sais... je n'ai pas fait attention.

MATHILDE, entrant.

Qu'est-ce donc, ma tante?... qu'y a-t-il?

MADEMOISELLE D'HARVILLE.

Rien, chère amie... c'est M. de Beauvoisis à
qui je voudrais parler sur-le-champ. (Aux domestiques.) Que tous mes gens montent à cheval, qu'ils courent chez mon neveu... chez ses
amis... qu'on le trouve, quelque part qu'il soit...
qu'on lui dise que je l'attends... que je veux le
voir, tout de suite... à l'instant... allez... et songez à l'amener avec vous.

(Les domestiques sortent.)

MATHILDE.

Eh mon Dieu! ma tante! je ne vous ai jamais vue dans une inquiétude pareille pour
M. de Beauvoisis... c'est donc bien important?

MADEMOISELLE D'HARVILLE.

Oui... laissez-moi, je vous en prie... je le
veux... ne puis-je être seule ?

MATHILDE.

Je m'en vais, ma tante... je m'en vais... Ah !
mon Dieu !... qu'est-ce qu'il y a donc ?

(Elle sort par le fond.)

SCÈNE XX.

Mlle D'HARVILLE, PHILIPPE.

MADEMOISELLE D'HARVILLE, allant à Philippe qui est
resté assis et accablé par sa douleur.

Philippe, mon ami... revenez à vous... il nous
sera rendu.

PHILIPPE.

Non... il n'a que du courage... et son adver-
saire... ah ! mon pressentiment ne me trompe
pas... je ne le verrai plus...

MADEMOISELLE D'HARVILLE, en larmes.

Frédéric !... notre fils...

PHILIPPE, la regardant, et lentement.

Voilà la première fois que ce mot vous
échappe... votre fils... ah ! vous pleurez maintenant... il est trop tard... vous pleurez...

MADEMOISELLE D'HARVILLE, dans le plus grand trouble.

Eh bien ! oui... dût ma honte éclater à tous
les yeux... je l'aime de tout l'amour d'une mère!...
Que de fois mes bras se sont ouverts pour le
presser sur mon sein, pour l'appeler mon fils!...
et se sont fermés de désespoir... Ah ! Philippe !
si tu avais pu lire dans mon cœur... si tu avais
connu ses angoisses, ses combats... tu m'aurais
pardonné... ma seule consolation était de m'oc-
cuper de lui, de préparer son avenir, de lui former une fortune.

PHILIPPE, avec amertume.

Une fortune, de l'argent... oui, vous croyez,
vous autres, que ça tient lieu de tout... (Il se
lève.) C'est une mère qu'il fallait lui donner.

MADEMOISELLE D'HARVILLE, d'un ton suppliant.

Épargnez-moi.

PHILIPPE.

Vous l'aimiez ! et il n'en a rien su.

MADEMOISELLE D'HARVILLE, suppliant.

Philippe !...

PHILIPPE.

Il mourra !... sans avoir reçu un embrassement de sa mère.

MADEMOISELLE D'HARVILLE.

Philippe !...

PHILIPPE, avec force.

C'est votre orgueil... c'est vous qui l'avez tué.

MADEMOISELLE D'HARVILLE, se cachant la figure.

Ah Dieu ! non, non, il ne mourra pas... le ciel aura pitié de nous... Mathilde, ma fortune, ma vie... je donne tout, si l'on me rend mon fils.

PHILIPPE.

Il est bien temps. (Après un moment de silence.) Écoutez...

MADEMOISELLE D'HARVILLE, regardant Philippe, qui prête l'oreille du côté de la rue.

Eh bien ! qu'avez-vous ?

PHILIPPE.

Chut ! écoutez... c'est le bruit d'une voiture.

MADEMOISELLE D'HARVILLE, avec anxiété.

Elle s'arrête à ma porte. (Ils se regardent en silence, et se donnent la main pour se soutenir. Mademoiselle d'Harville, tremblante, à Philippe.) Eh bien !... pourquoi trembler ?... c'est lui... c'est Frédéric...

PHILIPPE, d'un voix éteinte.

Que l'on ramène expirant, peut-être.

MADEMOISELLE D'HARVILLE.

C'est trop souffrir... je veux savoir à l'instant...

(Elle s'élance vers la porte et rencontre Mathilde.)

SCÈNE XXI.
Mlle D'HARVILLE, MATHILDE, PHILIPPE.

MATHILDE, entrant vivement, et avec joie.

Ma tante, ma tante, rassurez-vous... le voici.

PHILIPPE et MADEMOISELLE D'HARVILLE.

Qui donc ?

MATHILDE, avec joie.

Votre neveu... M. de Beauvoisis.

MADEMOISELLE D'HARVILLE, tombant dans un fauteuil.

Ah ! je succombe.

MATHILDE.

Comment !... vous ne demandiez que lui... et quand il arrive... Ah ! mon Dieu ! venez à son secours... M. Philippe... (Le regardant.) Ah ! vous me faites peur...

PHILIPPE.

Il vient ? dites-vous... tant mieux... il me tuera aussi, ou j'aurai sa vie.

(Il remonte la scène... Mathilde cherche à l'arrêter.)

MATHILDE.

Philippe !...

MADEMOISELLE D'HARVILLE.

Arrêtez.

(Beauvoisis paraît à la porte du fond.)

TOUS.

C'est lui !

SCÈNE XXII.
LES MÊMES, BEAUVOISIS.

PHILIPPE, accablé.

Il est seul... plus de doute.

MADEMOISELLE D'HARVILLE.

Je me meurs.

BEAUVOISIS, gaîment.

Eh bien, qu'est-ce qu'il y a ?... vous voilà tous pâles et consternés... (s'approchant de mademoiselle d'Harville.) Vous saviez donc...

MADEMOISELLE D'HARVILLE.

Nous savions tout.

BEAUVOISIS.

Et vous aviez peur pour moi ?... quelle bonté !... calmez-vous, ma chère tante... me voilà.

PHILIPPE, allant à lui.

(Avec douleur.) Et Frédéric * ?

MATHILDE, avec effroi.

Frédéric ?

PHILIPPE, avec rage.

Sortons...

BEAUVOISIS, étonné.

Hein !... qu'est-ce qu'il a ?

PHILIPPE, de même.

Suivez-moi.

BEAUVOISIS.

Pour aller à son secours ?... c'est inutile... sa blessure n'est presque rien.

MADEMOISELLE D'HARVILLE.

Que dites-vous ?

MATHILDE.

Sa blessure !

PHILIPPE, avec joie.

Il n'est que blessé ?

BEAUVOISIS.

Très légèrement... contre mon habitude.

TOUS.

Est-il possible !

PHILIPPE, prêt à l'embrasser.

Ah ! monsieur... ne me trompez-vous pas ?

MADEMOISELLE D'HARVILLE.

Vous ne l'avez pas tué ?

BEAUVOISIS.

Moi ! par exemple !... s'il avait été de ma force... il y avait mille à parier contre un, que cela lui serait arrivé... mais comme c'est un maladroit qui n'y entend rien... c'est lui, au contraire, qui a failli me...

PHILIPPE.

Comment ?

BEAUVOISIS.

Je l'avais d'abord blessé à la main... une égratignure, une misère... et je m'arrêtai, en lui disant : « C'est bien, monsieur, en voilà « assez. — Assez! s'est-il écrié, en reprenant

* Mademoiselle d'Harville Beauvoisis Philippe Mathilde.

« son épée... non pas, s'il vous plaît; il faut
« que l'un de nous reste sur la place... défen-
« dez-vous! » Et il se précipite sur moi, comme
un furieux, sans grace, sans méthode, ce qui
est insoutenable pour quelqu'un qui se bat
par principes... et au moment où je lui crie
en riant de mieux tenir son épée, il me fait
sauter la mienne.

PHILIPPE.

Il vous a désarmé!...

BEAUVOISIS.

Contre toutes les règles.

AIR de la sentinelle.

Mais j'en conviens...lors, en homme d'honneur
Il s'est conduit; et s'il n'est pas habile,
Ses procédés égalent sa valeur.

MADEMOISELLE D'HARVILLE , à part.

Je reconnais là le sang des d'Harville.

BEAUVOISIS.

« Oui, je voulais qu'un de nous succombât,
« M'a-t-il dit : mais quelles que soient nos haines,
« Tout finit avec le combat. »

PHILIPPE, à part.

J' me reconnais... Du vieux soldat
Le sang coule aussi dans ses veines.

SCÈNE XXIII.

LES MÊMES, FRÉDÉRIC *, le poignet entouré d'un
mouchoir noir.

TOUS, courant au-devant de lui.

Frédéric!

FRÉDÉRIC, se jetant dans les bras de Philippe.

Mon ami!... mon p...

PHILIPPE, l'interrompant.

C'est bien... c'est bien... (A part, le regardant
avec orgueil.) Mon fils... c'est là mon fils.

FRÉDÉRIC.

Vous me pardonnez.

MATHILDE, qui s'est approchée.

Non pas moi, monsieur... nous avoir fait
une telle frayeur !

FRÉDÉRIC.

Mathilde...

MADEMOISELLE D'HARVILLE, à part, et seule à l'autre
bout du théâtre.

Et moi... il ne me dit rien... il ne croit pas
me devoir de consolations!... (Haut, et passant
entre Beauvoisis et Mathilde.) Frédéric...

FRÉDÉRIC, avec respect.

Ah! pardon, madame... ce n'est qu'en tremblant que j'ose reparaître devant vous.

MADEMOISELLE D'HARVILLE, d'une voix émue.

Pourquoi donc? Croyez-vous que je n'aie
pas partagé les inquiétudes que vous donniez
tous deux?... n'y allait-il pas de ce que j'ai de
plus cher au monde? (Elle regarde Philippe.)

BEAUVOISIS, s'inclinant.

Vous êtes bien bonne, ma tante... Il est sûr
qu'il a rendu là un grand service à la famille.

* Mademoiselle d'Harville, Beauvoisis, Mathilde, Frédéric, Philippe.

MADEMOISELLE D'HARVILLE, saisissant son idée.

Oui... aussi, nous devons le reconnaître
d'une manière digne de nous... Mon neveu,
nous avions parlé plusieurs fois de votre mariage avec Mathilde... mais j'ai cru découvrir
le fond de sa pensée.

MATHILDE.

A moi, ma tante?

MADEMOISELLE D'HARVILLE.

Oui !... j'ai cru voir que, comme sa mère,
elle préférait un mariage d'inclination à un
mariage de convenance... et pour acquitter les
dettes de la famille...j'ai résolu, si elle y consen-
tait, de la donner à celui... à qui vous devez
la vie.

FRÉDÉRIC et MATHILDE.

Il serait vrai !... quel bonheur !

BEAUVOISIS, à part.

Par égard pour moi... une héritière de qua-
tre-vingt mille livres de rente !... Décidément,
ma tante m'aime trop.

(En ce moment Philippe passe auprès de mademoiselle
d'Harville *.)

MADEMOISELLE D'HARVILLE, à Philippe, qui est venu
auprès d'elle.

Et de plus... je ferai pour Frédéric... ce que
je dois faire. (Bas.) Mais après moi, Philippe.

PHILIPPE, la regardant.

Mais qu'avez-vous?

MADEMOISELLE D'HARVILLE, bas.

Que je voudrais l'embrasser !

PHILIPPE, bas.

Eh bien... qui vous en empêche?

MADEMOISELLE D'HARVILLE, bas.

Je n'ose pas.

PHILIPPE, bas.

Vous n'osez pas... vous devez être bien malheureuse ! (A Frédéric.) Eh bien, mon... mon
cher... monsieur Frédéric... vous voilà avec une
belle fortune, une jolie femme... comment,
vous ne remerciez pas celle à qui vous devez
tout cela?

FRÉDÉRIC, baisant les mains de mademoiselle d'Harville.

Ah! ma vie entière ne suffira pas...

PHILIPPE, le poussant.

Eh non! morbleu... pas ainsi... dans ses
bras... mademoiselle le permet.

(Mademoiselle d'Harville l'embrasse avec la plus vive
émotion.)

MADEMOISELLE D'HARVILLE.

Philippe, vous les suivrez.

PHILIPPE.

Oui, mademoiselle... je ne les quitte plus.

MADEMOISELLE D'HARVILLE.

Et quant à votre fortune...

PHILIPPE, avec ame.

Moi !... je n'ai besoin de rien... je suis plus
heureux et plus riche que vous tous... (Lui
montrant son fils et Mathilde.) Regardez.

* Beauvoisis, mademoiselle d'Harville, Philippe, Frédéric, Mathilde.

PARIS.--IMPRIMERIE NORMALE DE JULES DIDOT L'AINÉ,
n° 4, boulevart d'Enfer.